Armonia Universale : Il Segno della Croce tra Fisica e Spiritualità

Prefazione

Benvenuti in un viaggio affascinante e illuminante attraverso le profondità dell'esistenza, dove il significato del gesto quotidiano del segno della croce si svela in una danza armoniosa tra la fisica dell'universo e la spiritualità profonda. "Armonia Universale: Il Segno della Croce tra Fisica e Spiritualità" è un'invito a esplorare le connessioni nascoste tra la nostra pratica religiosa e le leggi fondamentali che plasmano il tessuto dell'universo.

In queste pagine, ci addentreremo nelle interpretazioni audaci e provocatorie del gesto antico, scoprendo un mondo dove il divino e il cosmico danzano insieme. Il segno della croce, in apparenza un semplice rituale cristiano, si rivela essere un portale verso la comprensione più profonda della nostra esistenza e del mondo che ci circonda.

Il nostro viaggio inizia con un'analisi del gesto stesso, esaminando le parole pronunciate e scoprendo un significato che abbraccia l'universo intero. Espanderemo la visione tradizionale di "Padre" per includere l'universo stesso come creatore in continua espansione, guidato dalle leggi eterne della fisica. Attraverso ogni capitolo, esploreremo il legame tra il divino e il terreno, unendo la materia e lo spirito in un'unica visione armoniosa.

Sarà un viaggio di riflessione profonda, con una guida pratica su come applicare queste visioni nella nostra vita quotidiana. Dalle leggi della fisica alle parole di Gesù nei Vangeli, impareremo come vivere un'esistenza rispettando le leggi universali, contribuendo così al grande concerto dell'armonia cosmica.

L'obiettivo di "Armonia Universale" non è solo quello di sfidare le convenzioni, ma di aprire nuove porte alla comprensione e alla connessione. Vi invito a prendere parte a questo viaggio, a esplorare i confini della nostra comprensione e a scoprire la bellezza dell'armonia che permea l'universo.
Che questo libro sia per voi una guida luminosa nella ricerca della conoscenza e dell'armonia universale.

Buon viaggio.

Capitolo 1: Introduzione

Nel vasto panorama dell'esistenza umana, sorgono antiche pratiche e rituali, carichi di significato e simbolismo. Tra questi, il segno della croce, un gesto comune tra i cristiani, si rivela un portatore di profonde implicazioni cosmiche. In questo capitolo introduttivo, ci immergeremo nell'affascinante mondo della sua interpretazione fisica, esplorando il legame tra l'atto religioso e le leggi fondamentali dell'universo.

Il Segno della Croce: Un Rituale Universale

Partiamo dalla pratica quotidiana dei fedeli cristiani: il segno della croce. Questo gesto, apparentemente semplice, è carico di significati intrinseci che vanno oltre l'ambito religioso. Analizzeremo il mantra pronunciato durante il gesto e come esso possa essere reinterpretato attraverso la lente della fisica e delle leggi dell'universo.

Universo in Espansione: Il Padre Creatore

Il "Padre" nel mantra rappresenta tradizionalmente Dio, il creatore. Nel contesto della nostra analisi, allargheremo il significato di "Padre" per includere l'universo stesso. Esploreremo la teoria dell'espansione cosmica come manifestazione dell'opera del "Padre" nel continuo processo di creazione.

Leggi della Fisica: Guida dell'Universo

Attraverso una panoramica delle leggi della fisica, tracceremo il filo conduttore che guida l'universo. Come il "Padre" governa l'universo attraverso queste leggi, vedremo come esse siano le direttive fondamentali che definiscono la realtà, la materia e la loro interconnessione.

Interconnessione Universale: Tutto è Uno

Esploreremo l'idea che tutto nell'universo sia interconnesso, creando un intricato tessuto di relazioni. Attraverso questa prospettiva, vedremo come il gesto del segno della croce, apparentemente individuale, possa riflettersi nell'intera trama dell'esistenza universale.

Il Richiamo di un'Analisi Profonda

Questo capitolo introduttivo servirà come chiave per aprire le porte di una visione alternativa e approfondita del significato di gesti e pratiche religiose. La reinterpretazione del segno della croce alla luce delle leggi universali sarà il nostro punto di partenza per un viaggio che abbraccia la fisica, la spiritualità e

l'essenza stessa della vita.
Preparatevi a immergervi nelle
profondità di un'interpretazione
avvincente e illuminante.

Capitolo 2: Nel Nome del Padre - L'Universo come Creatore

Nel profondo mistero del "Padre" esploriamo le radici del simbolismo cristiano, scendendo nell'abisso dell'interpretazione metafisica. Attraverso un'analisi scrupolosa, cercheremo di svelare il significato nascosto di questo titolo sacro, scrutando la sua connessione con l'infinità dell'universo in espansione e comprendendo come le leggi della fisica siano la guida inestricabile di questa grandiosa creazione.

Il Simbolismo di "Padre" nella Religione Cristiana

La figura del "Padre" nella cristianità è tradizionalmente associata a Dio, il creatore supremo. Nell'analisi approfondita del termine "Padre" nel contesto del segno della croce, ci immergeremo nelle sfumature ricche di significato che evoca nei cuori dei credenti. Il termine "Padre" non è solo un titolo, ma un archetipo carico di simbolismo, risonanza emotiva e connessione spirituale.

Il Simbolismo di "Padre" nel Segno della Croce

Il termine "Padre" nella tradizione cristiana è centrale al concetto di Dio creatore. Esso evoca immagini di paternità, autorità, amore incondizionato e protezione. Nel segno della croce, pronunciare il nome del "Padre" implica una riconciliazione con il principio creativo dell'universo, una sorta di ritorno alla fonte primordiale da cui tutto ha avuto origine.

La Risonanza Emotiva: Un Legame Personale con il Divino

Per i credenti, l'uso del termine "Padre" nel contesto del segno della croce va oltre un concetto astratto. Evoca un senso di intimità e connessione personale con la divinità. Il legame emotivo con il "Padre" è spesso permeato da una sensazione di sicurezza, conforto e affetto, simili alle dinamiche relazionali tra un padre e il suo figlio.

Paternità come Protettrice e Guida

Il "Padre" nel segno della croce assume le caratteristiche di un protettore e guida divina. Questo simbolismo è evidente quando i credenti si affidano a questa figura paterna per ottenere conforto nei momenti di difficoltà, cercando protezione e orientamento nelle sfide della vita. Il gesto del segno della croce diventa così un atto di affidamento e fiducia nel potere divino.

L'Espansione del "Padre" nell'Universo

Nella nostra analisi, allargheremo il significato di "Padre" per includere l'intero universo come creatore in continua espansione. Questa prospettiva apre un nuovo orizzonte di connessione, suggerendo che il potere creativo non è solo un concetto trascendente, ma una forza attiva che permea ogni aspetto dell'esistenza.

Conclusioni Profonde: La Risonanza di "Padre" nell'Anima

Il termine "Padre" nel segno della croce evoca una risonanza profonda nell'anima dei credenti. Attraverso il simbolismo di paternità, protezione e potere divino, i credenti trovano un punto di contatto tangibile con la forza creatrice dell'universo. Il gesto del segno della croce diventa, quindi, un viaggio emotivo, una dichiarazione di fede e un abbraccio caloroso verso il "Padre" che custodisce l'intera creazione.

L'Universo in Continua Espansione: Manifestazione del Creatore

Allargando la prospettiva oltre il concetto tradizionale di "Padre" come figura divina antropomorfica, ci immergeremo nelle teorie scientifiche dell'espansione cosmica per ricollegare il termine "Padre" all'intero universo in crescita perpetua. Questa visione abbraccia l'idea di un "Padre" che guida e custodisce la sua creazione attraverso le leggi fondamentali dell'universo.

L'Universo come Padre Creatore: Espansione Cosmica come Atto Creativo

Nella teoria scientifica dell'espansione cosmica, l'universo stesso agisce come un agente creativo. L'idea di un "Padre" creatore non è più limitata a una figura antropomorfica, ma si estende all'intero tessuto dell'universo in continuo sviluppo. L'espansione cosmica diventa l'atto creativo attraverso il quale il "Padre" guida la crescita e l'evoluzione di tutto ciò che esiste.

Leggi Fondamentali come Direttive del Padre Cosmico

Le leggi fondamentali della fisica, che governano l'universo in espansione, diventano le direttive del "Padre" cosmico. Queste leggi delineano le condizioni e i parametri attraverso i quali l'universo evolve e si sviluppa. L'osservanza di queste leggi diventa un atto di sottomissione e collaborazione con la volontà del "Padre" che guida l'intera creazione.

L'Universo come Guida e Custode: Visione più Ampia della Divinità

Questa prospettiva più ampia offre una visione della divinità come un'entità che si estende ben oltre la sfera terrestre. L'Universo, nella sua vastità insondabile, diventa il "Padre" che guida e custodisce ogni galassia, stella e pianeta. Questa visione cosmica dell'autorità divina offre un senso di connessione profonda con il tutto.

L'Espansione Cosmica come Manifestazione dell'Amore Creativo

Nell'analisi dell'espansione cosmica, possiamo interpretare questo processo come una manifestazione dell'amore

creativo del "Padre" cosmico.
L'universo si espande, crea, e
evolve in un perpetuo atto di
generosità, offrendo la possibilità
di vita e di esplorazione cosmica.
In questo contesto, l'espansione
diventa un gesto d'amore, un
dono continuo del "Padre"
creatore.

**Conclusioni Profonde: Una
Visione Trascendente**

Considerare l'universo stesso
come il "Padre" creatore apre la
porta a una visione trascendente
della divinità. Questa visione
integra armoniosamente le
prospettive scientifiche e
spirituali, riconciliando il concetto
di un "Padre" guida con la vastità
e la meraviglia dell'universo in
continua espansione.
L'osservazione delle leggi
dell'universo diventa così un atto
di rispetto e adorazione nei
confronti del "Padre" che
abbraccia l'intera creazione.

Leggi della Fisica: Il Timone dell'Universo

Nel vasto teatro dell'universo, le leggi della fisica svolgono il ruolo di un timone invisibile, dirigendo il corso delle galassie, la nascita delle stelle e l'armoniosa danza dei pianeti. In questo capitolo, esploreremo le leggi fondamentali come la gravità, l'elettromagnetismo e la termodinamica, evidenziando come queste forze siano le direttive fondamentali che guidano la formazione e l'evoluzione dell'universo.

Gravità: La Forza Universale di Attrazione

La gravità, descritta da Newton, è la forza che tiene insieme le strutture cosmiche su vasta scala. Essa guida la formazione delle galassie, attraggendo materia sufficiente per creare strutture complesse e strutture cosmiche su cui l'universo si basa.

Elettromagnetismo: La Forza di Connessione

L'elettromagnetismo governa le forze tra cariche elettriche e correnti. Questa forza gioca un ruolo cruciale nella formazione delle stelle, dove le interazioni tra particelle cariche contribuiscono alla fusione nucleare, liberando energia e dando vita alle stelle.

Termodinamica: L'Armonia dei Processi Energetici

La termodinamica guida la direzione in cui l'energia fluisce attraverso l'universo. Dall'esplosione di una supernova alla radiante luce delle stelle, le leggi termodinamiche sono il tessuto che lega la danza energetica dell'universo.

Formazione delle Galassie: Un Balletto Gravitazionale

Le leggi della gravità orchestrano il balletto cosmico delle galassie. L'attrazione gravitazionale tra le masse di materia guida la formazione di strutture immense, creando un paesaggio galattico unico con bilanciamenti delicati tra forze attrattive e repulsive.

Nascita delle Stelle: L'Elettromagnetismo all'Opera

L'elettromagnetismo si manifesta nella nascita delle stelle. L'attrazione tra particelle cariche e i campi magnetici contribuiscono alla compressione della materia, dando origine a regioni densamente popolate di gas e polvere che alla fine si trasformano in stelle.

Danza Intricata dei Pianeti: Un Equilibrio Termodinamico

I pianeti, seguendo le regole termodinamiche, danzano in un equilibrio delicato tra energia ricevuta dal loro astro genitore e l'energia emessa nello spazio. Questa danza intricata è governata dalle leggi fondamentali che guidano la distribuzione dell'energia nell'universo.

Conclusioni Profonde: Le Leggi come Maestri dell'Universo

Le leggi della fisica emergono come maestri invisibili dell'universo, dirigendo con precisione il corso della sua evoluzione. La gravità, l'elettromagnetismo e la termodinamica sono le forze che intessono il tessuto cosmico, guidando la formazione e il destino delle galassie, stelle e pianeti. Questa danza intricata delle leggi fondamentali è la melodia che sottolinea l'armonia universale.

L'Intreccio tra Leggi della Fisica e Creazione Divina

Nel profondo dell'ordine cosmico, le leggi della fisica si rivelano come il meccanismo attraverso il quale il "Padre" manifesta il suo potere e la sua saggezza nell'evoluzione dell'universo. Queste leggi, lontane dall'essere meri principi astratti, sono il tessuto stesso della creazione divina, intessuto con cura per dare forma e significato all'intero cosmo.

Le Leggi della Fisica come Espressione della Volontà Divina

Le leggi della fisica non sono regole casuali, bensì l'espressione della volontà divina. Esse definiscono i confini e le possibilità della creazione, plasmando la realtà stessa

secondo il disegno del "Padre"
creatore. Ogni equazione, ogni
legge, è una penna nelle mani del
"Padre" che scrive il racconto
dell'universo.

La Gravità: La Mano Stessa del "Padre" nell'Abbraccio Cosmico

La gravità, ad esempio, non è
solo una forza di attrazione, ma la
mano stessa del "Padre" che
tiene insieme le galassie
nell'abbraccio cosmico. Questa
legge non solo definisce il modo
in cui le masse interagiscono, ma
è una dimostrazione
dell'attenzione divina che dà
coerenza e bellezza al vasto
panorama celeste.

L'Elettromagnetismo: L'Arte dell'Illuminazione Divina

L'elettromagnetismo, governando
le interazioni cariche, è l'arte
dell'illuminazione divina. Nella
formazione delle stelle, questa

legge diventa una spettacolare coreografia, un'esibizione di potere creativo mentre le particelle si uniscono, dando vita a sorgenti luminose che punteggiano il firmamento.

La Termodinamica: L'Ordine di "Padre" nei Processi Energetici

La termodinamica, con le sue leggi sull'energia, è l'ordine del "Padre" nei processi energetici dell'universo. La costante danza energetica, dalle supernovae che esplodono alle stelle che bruciano, è una partitura divina che si svolge secondo le direttive del "Padre" cosmico.

Un Intreccio di Saggezza e Potere: Le Leggi Come Parola Divina

In questa prospettiva, le leggi della fisica diventano la parola divina, il linguaggio attraverso il quale il "Padre" comunica la sua saggezza e il suo potere. Ogni equazione è un verso, ogni legge è una sentenza che guida il destino dell'universo. L'ordine cosmico è la scrittura stessa del "Padre", una testimonianza del suo amore per la creazione.

Conclusioni Profonde: Le Leggi Come Manifestazioni del Divino

In conclusione, le leggi della fisica non sono solo regole impersonali, ma manifestazioni stesse del divino. Esse riflettono l'ordine, la sapienza e l'amore del "Padre" creatore. Nell'intreccio di gravità, elettromagnetismo e termodinamica, troviamo la mano di un "Padre" che plasma l'universo con un amore infinito e una saggezza eterna.

L'Universo come Opera Divina in Divenire

In questo viaggio attraverso le leggi della fisica come guida dell'universo, abbiamo scoperto una prospettiva dinamica che apre la nostra mente a una comprensione più profonda dell'opera divina in continuo divenire. Considerare il "Padre" come l'universo stesso ci conduce verso una visione straordinaria di una creazione eterna, intessuta dalle leggi della fisica come il disegno divino impresso nella struttura stessa dell'esistenza.

Un'Opera Divina in Continuo Divenire

L'universo, con le sue leggi immutabili, si rivela come un'opera divina in costante evoluzione. Ogni interazione tra le forze, ogni nascita di una stella, ogni danza di un pianeta è una nota nel perpetuo concerto dell'esistenza. Questa prospettiva dinamica sottolinea che la creazione non è un evento passato, ma una realtà in continua manifestazione.

Il "Padre" come Universo: Una Visione di Eternità

Riconoscere il "Padre" nell'universo stesso ci porta a contemplare una visione di eternità. Le leggi della fisica, come il modo in cui il "Padre" guida l'evoluzione cosmica, diventano i pennelli che dipingono la storia eterna dell'esistenza. L'universo, nella sua vastità, è la dimora eterna del "Padre", e ogni momento è una pagina che si svela nella sua grandiosa narrazione.

Le Leggi della Fisica come Disegno Divino

Le leggi della fisica, che guidano ogni fenomeno, sono il disegno divino che ordina il cosmo. La gravità, l'elettromagnetismo, la termodinamica sono le firme del "Padre" su ogni parte della creazione. Ogni galassia, ogni stella, ogni atomo è parte di un piano celeste scritto con amore infinito.

Intrecci di Fede e Scienza: Una Visione Armoniosa

Questo capitolo ci pone sulla soglia di un connubio armonioso tra la teologia cristiana e la cosmologia scientifica. La fede e la scienza si intrecciano come fili di un tessuto cosmico più ampio. Nella nostra esplorazione delle leggi della fisica come manifestazioni del divino, siamo pronti a immergerci sempre più nelle intersezioni tra spiritualità e conoscenza universale.

Le Porte Aperte a una Visione più Ampia

Siamo giunti ad un punto di connessione intima, dove la fede e la scienza si abbracciano nella danza cosmica delle leggi divine. Le porte sono spalancate a una visione più ampia, dove l'universo stesso ci invita a contemplare la grandezza del "Padre" in ogni particella e ogni spazio interstellare. Avventuriamoci con cuore aperto nelle pagine successive, dove esploreremo le profondità delle intersezioni tra spiritualità e conoscenza universale.

Capitolo 3: Nel Nome del Figlio - La Vita Terrena e la Materia

In questo capitolo, ci immergiamo nella figura di Gesù Cristo, il "Figlio" nel mantra del segno della croce. Esploreremo la sua rappresentazione simbolica come incarnazione della vita terrena e il profondo legame tra il "Figlio" e la materia, considerando la chimica e la formazione degli elementi. Analizzeremo inoltre il ruolo del corpo umano e della materia come veicoli fondamentali dell'esistenza umana, cercando di comprendere come queste connessioni possano arricchire la nostra visione del divino e della vita quotidiana.

Gesù Cristo come Rappresentante della Vita Terrena

Gesù Cristo, figura centrale nella religione cristiana, si erge non solo come il Salvatore spirituale ma anche come un esempio tangibile di vita terrena. In questo capitolo, esploreremo il suo insegnamento, il suo stile di vita e la sua connessione con gli aspetti più palpabili dell'esistenza umana.

Insegnamenti di Vita Universale

Gesù Cristo, con le sue parabole e le sue affermazioni, ci ha donato insegnamenti che vanno al di là del contesto religioso. Esaminiamo come le sue parole possano essere interpretate come principi universali, radicati nelle leggi fondamentali dell'universo. Gesù, il maestro, diventa così il primo grande fisico, rivelando le verità eterne che permeano la vita stessa.

Stile di Vita in Armonia con le Leggi Universali

La vita di Gesù, vissuta in armonia con le leggi universali, ci offre un modello di esistenza. Come ha rispettato e compreso le leggi di Dio, così possiamo noi. Analizzeremo come il suo stile di vita, in sintonia con le forze cosmiche, abbia portato a realizzazioni mentali che lo hanno elevato a uno stato divino. La vita di Gesù diventa un esempio di come aderire alle leggi fondamentali può condurre a una vita straordinaria e significativa.

La Connessione con l'Anima Eterna

Esploriamo la connessione di Gesù con l'anima, quella parte ancestrale e immortale di ogni essere umano. La resurrezione di Gesù non è solo un evento religioso, ma la rappresentazione della reincarnazione dell'anima in un nuovo corpo materiale. La sua vita ci insegna che l'anima persiste, continua a crescere in modo ancestrale e multidimensionale, trascesa dal ciclo della vita e della morte terrena.

Ogni Essere come Beato Come Gesù

Analizziamo la prospettiva che ogni essere vivente può aspirare a una benedizione simile a quella di Gesù. Ogni atomo nell'universo ha il potenziale per essere "beato", ma ciò richiede l'espressione del proprio destino nella versione migliore possibile. Attraverso scelte difficili ma nobili, seguendo le leggi dell'universo, ogni entità può contribuire al progresso cosmico.

Resurrezione Come Reincarnazione dell'Anima

La resurrezione di Gesù diventa un simbolo della reincarnazione dell'anima, una possibilità aperta a ogni essere che abbraccia la sua esistenza con impegno e nobiltà. Ogni vita, attraverso le scelte e l'impegno, contribuisce alla propria reincarnazione, riflettendo i meriti guadagnati nell'eternità.

Conclusioni Profonde: Gesù Come Guida nell'Universo

In conclusione, Gesù Cristo emerge non solo come il Salvatore spirituale, ma anche come il primo grande fisico della storia. La sua vita e i suoi insegnamenti ci offrono una guida nell'esplorazione delle leggi dell'universo, dell'anima eterna e della possibilità di una vita beata. Continuando il nostro viaggio, approfondiremo come la parola di Gesù, letta in chiave fisica, possa illuminare il cammino verso una comprensione più profonda dell'esistenza e della sua connessione con l'ordine cosmico.

Il "Figlio" e la Materia: Un Legame Profondo

Approfondiremo la figura di Gesù come il "Figlio" in relazione al concetto di materia. Scenderemo nel cuore della chimica e della formazione degli elementi, esplorando come ogni componente della materia possa essere interpretato come parte del grande disegno divino, una rappresentazione tangibile dell'esistenza stessa.

Gesù Come Rappresentante della Vita Terrena

Il "Figlio", nella tradizione cristiana, è spesso associato a Gesù come rappresentante della vita terrena. Analizzeremo come questa figura possa essere estesa per abbracciare non solo il corpo umano ma anche l'intera materia che costituisce il nostro universo. Gesù diventa così la personificazione non solo della carne umana ma di ogni elemento chimico, di ogni atomo, che costituisce la trama stessa della realtà fisica.

La Chimica Come Linguaggio del Divino

Scenderemo nelle profondità della chimica, il linguaggio segreto che il "Figlio" utilizza per comunicare con la creazione. Ogni legame chimico, ogni reazione, diventa un eloquente discorso del "Figlio" nel formare e trasformare la materia. Esplorando la tavola periodica, riveliamo il vocabolario divino che compone il tessuto intricato dell'universo.

Elementi Chimici Come Segni Divini

Ogni elemento chimico diventa un segno divino, un tassello nell'immensa opera del "Figlio". Attraverso la formazione stellare e le supernovae, vedremo come gli elementi si formino e si diffondano nello spazio, portando con sé il messaggio divino della creazione continua. La materia stessa, nella sua diversità, è la testimonianza tangibile del lavoro incessante del "Figlio" nell'ordire la trama dell'esistenza.

Materia Come Manifestazione del Divino

La materia, vista attraverso la lente del "Figlio", non è solo una concrezione casuale ma una manifestazione tangibile del divino. Ogni molecola, ogni struttura atomica, racconta la storia della sapienza e del potere del "Figlio" nel plasmare l'universo. La vita terrena di Gesù diventa un riflesso della vita intrinseca nella materia stessa, un'incredibile espressione dell'eterno che si manifesta nel temporale.

Il Grande Disegno Divino Nella Materia

In conclusione, il "Figlio" si rivela come il grande chimico cosmico, orchestrando il balletto degli elementi e dirigendo la sinfonia della materia. Ogni elemento chimico, ogni molecola, ogni forma della materia è parte di un disegno divino più ampio. Attraverso questa prospettiva, la vita terrena di Gesù diventa il punto focale di un universo che danza al ritmo delle leggi chimiche, rendendo la materia stessa una testimonianza del divino nella creazione. Proseguiremo ora nell'esplorazione del "Figlio" come guida nella comprensione più profonda della materia e della sua connessione con il mistero dell'esistenza.

La Chimica dell'Esistenza e la Formazione degli Elementi

Nell'approfondire il legame tra il "Figlio" e la materia, ci immergiamo nella chimica della vita, una disciplina che svela la straordinaria storia della formazione degli elementi all'interno delle stelle. Questa prospettiva ci consente di esplorare il ruolo cruciale che gli elementi chimici giocano nel plasmare non solo i corpi umani, ma l'intero universo.

Nascita e Morte Stellare: Fornaci Cosmiche di Elementi

Le stelle, nel loro ciclo di nascita e morte, sono le fornaci cosmiche che generano gli elementi chimici. Attraverso la fusione nucleare al loro interno, gli atomi più leggeri si combinano per formare elementi più pesanti. Le supernovae, al termine della vita di alcune stelle, spargono questi elementi nello spazio, contribuendo alla creazione di nuovi sistemi stellari e planetari.

Elementi Chimici e la Composizione del Corpo Umano

Esaminiamo come gli elementi chimici formati nelle stelle siano gli stessi che compongono i nostri corpi. L'ossigeno che respiriamo, il carbonio che costituisce le nostre cellule, l'azoto che forma il nostro DNA: tutti questi elementi hanno origini stellari. La vita terrena, quindi, è intrinsecamente connessa alla complessa danza degli elementi chimici che ha luogo nel vasto teatro cosmico.

Il Ciclo Cosmico della Materia: Un Legame Intimo con la Vita Terrena

Attraverso la visione del "Figlio" come guida di questo ciclo cosmico della materia, comprendiamo il legame intimo tra la vita terrena e la complessa danza degli elementi. Ogni respiro, ogni battito del cuore, ogni forma di vita sulla Terra è un riflesso di questo ciclo eterno. La vita, in tutte le sue forme, è una manifestazione dell'armonia cosmica che collega stelle lontane e ogni particella della materia sulla Terra.

La Materia Come Scrittura Divina: Il Messaggio Nascosto Negli Elementi

Riflettiamo sulla materia come una forma di scrittura divina, un messaggio nascosto negli elementi chimici. Ogni atomo è una lettera, ogni molecola una parola, e l'intero universo è un libro che racconta la storia della vita, scritta con la calligrafia degli elementi stessi. La vita terrena diventa così la lettura di questo testo divino, una comprensione più profonda delle leggi che regolano la creazione.

In conclusione, la chimica della vita ci offre una prospettiva straordinaria sulla connessione tra il "Figlio" e la materia. La formazione degli elementi nelle stelle diventa la melodia che accompagna la danza della vita terrena. Proseguendo, esploreremo come questa prospettiva ci guidi nell'interpretazione più completa e profonda della vita e del suo significato all'interno del vasto panorama cosmico.

Corpo Umano e Materia: Veicoli dell'Esistenza

Esploreremo il corpo umano non solo come un organismo biologico, ma come un veicolo complesso di atomi e molecole, un riflesso della materia stessa. Vedremo come il corpo diventi un santuario della vita terrena, intrecciando la sua esistenza con la complessa danza degli elementi.

Il Corpo Umano come Veicolo dell'Esistenza

Il corpo umano, intricato e sofisticato, è il veicolo attraverso il quale l'esistenza si manifesta nel mondo terreno. Oltre alla sua funzione biologica, analizzeremo come il corpo sia una rappresentazione tangibile della materia, una sintesi degli elementi chimici che compongono l'universo. Attraverso questa lente, il corpo diventa un veicolo sacro, portatore della vita stessa.

Atomica Intimità: La Composizione Molecolare del Corpo

Esploriamo l'intimità atomica del corpo umano. Ogni cellula, ogni tessuto, è un intricato insieme di atomi che seguono le leggi della chimica. Attraverso una visione più profonda, vediamo come gli elementi formati nelle stelle diventino i mattoni fondamentali del nostro essere. La composizione molecolare del corpo diventa un'opera d'arte, scritta con gli elementi della creazione.

Il Corpo Come Riflesso della Materia Cosmica

Analizziamo il corpo umano come un riflesso della materia cosmica. La stessa materia che compone le stelle, i pianeti e le galassie è presente in ogni parte di noi. La carne, le ossa, ogni organo diventano testimonianza tangibile della connessione intima tra l'individuo e l'universo. Il corpo diventa così un microcosmo della creazione stessa.

Il Santuario della Vita Terrena

Consideriamo il corpo umano come un santuario della vita terrena. Ogni battito del cuore, ogni respiro, diventa un atto sacro in questo tempio di carne e sangue. La vita, intrappolata in questa forma fisica, esprime la sua bellezza attraverso la complessità del corpo. Esploriamo come il "Figlio", come guida cosmica, si manifesti attraverso la materia del corpo umano, rendendolo un luogo sacro della vita.

Il Mistero dell'Esistenza Racchiuso nel Corpo

Riflettiamo sul corpo umano come custode del mistero dell'esistenza. Ogni funzione biologica, ogni reazione chimica all'interno del corpo, diventa un indizio del grande enigma dell'essere. Il corpo, attraverso la sua struttura intricata, racchiude il mistero della vita terrena, svelando una prospettiva più ampia sulla relazione tra il "Figlio" e la materia.

In conclusione, il corpo umano si rivela come molto più di un involucro biologico; è un tempio della vita, un santuario della materia cosmica. Attraverso questa analisi, ci avviciniamo a una comprensione più profonda di come il "Figlio" guida la danza degli elementi in ogni parte dell'universo, compreso il corpo umano. Continueremo ora ad esplorare come questa connessione intima influenzi il nostro approccio alla spiritualità e alla fisica, unendo il divino e il materiale nella tela della vita terrena.

La Sacralità della Materia e del Corpo Umano

In questo capitolo, abbiamo esplorato il corpo umano come veicolo dell'esistenza, non solo dal punto di vista biologico ma come un intricato insieme di atomi e molecole. Questo ci ha portato a considerare il corpo umano come un santuario della vita terrena, un luogo sacro in cui la materia e lo spirito si intrecciano in un'affascinante sinfonia.

Sacralità della Materia e del Corpo Umano

Concludiamo discutendo la sacralità della materia e del corpo umano. Come veicoli dell'esistenza, diventano l'espressione tangibile della divinità nella vita quotidiana. Il corpo stesso, con la sua composizione molecolare e la sua intima connessione con gli elementi cosmici, diventa un santuario in cui la sacralità della materia si fonde con la vita terrena.

La Vita Quotidiana come Atto Sacro

Questo approccio arricchirà il nostro modo di comprendere non solo la figura di Gesù, ma anche la vita stessa come un atto sacro. Ogni gesto, ogni respiro, diventa un'opportunità di connessione con la divinità, un riconoscimento della sacralità intrinseca nella materia che ci circonda e ci compone. La vita quotidiana, vista attraverso questa prospettiva, diventa un cammino spirituale in cui la materia e lo spirito si abbracciano.

Il Mistero della Vita Terrena: Materia e Spirito Intrecciati

Questo capitolo ci ha avvicinato al mistero della vita terrena, esplorando la connessione tra il "Figlio" e la materia. La sacralità della materia non solo arricchisce la nostra comprensione del corpo umano, ma ci apre a una visione più ampia e profonda della nostra esistenza quotidiana. La vita, la materia e la spiritualità si intrecciano in un unico e affascinante racconto di cui solo ora stiamo iniziando a scorgere gli intrecci.

In sintesi, questo capitolo è stato un viaggio nell'intimità della relazione tra il "Figlio" e la materia, rivelando la sacralità della vita terrena. Ciò che abbiamo scoperto apre la porta a una nuova consapevolezza, un invito a riconsiderare la nostra comprensione di cosa significhi essere umani in un universo intriso di mistero e divinità. Proseguiamo ora nell'esplorare come questa prospettiva influenzi la nostra concezione di spiritualità e fisica, unendo la nostra esistenza individuale al vasto e meraviglioso tessuto dell'universo.

Capitolo 4: Nel Nome dello Spirito Santo - L'Anima e la Dimensione Ancestrale

In questo capitolo, ci immergiamo nella profondità del concetto di Spirito Santo, esplorando la sua connessione con l'anima umana e gettando uno sguardo innovativo sulla dimensione ancestrale e immortale che potrebbe caratterizzarla.

Il Concetto di Spirito Santo nella Religione Cristiana

Ci immergeremo nell'analisi approfondita del concetto di Spirito Santo, esplorando il suo ruolo nella Trinità cristiana e la sua interpretazione tradizionale nelle scritture. Approfondiremo il significato simbolico e spirituale che il termine "Spirito Santo" evoca nei cuori dei fedeli cristiani.

Il Ruolo del Santo Spirito nella Trinità Cristiana

Iniziamo esaminando il ruolo del Santo Spirito nella Trinità cristiana. Tradizionalmente, la Trinità comprende il Padre, il Figlio e lo Spirito Santo. Esploreremo come questa terza persona della Trinità sia descritta nelle scritture e come la sua presenza è considerata il legame spirituale tra il divino e l'umano.

La Funzione del Santo Spirito nella Creazione e nella Vita Terrena

Analizzeremo come lo Spirito Santo sia associato alla fase della creazione e alla continuazione della vita sulla terra. Attraverso una prospettiva più ampia, vedremo come lo Spirito Santo sia la forza creativa che permea tutto l'universo, connettendo la divinità con la creazione stessa.

Interpretazioni Tradizionali e Simboliche

Esploriamo le interpretazioni tradizionali dello Spirito Santo nelle scritture e nella teologia cristiana. Analizzeremo come questa figura sia descritta come consolatore, guida e ispiratore nelle vite dei credenti. Approfondiremo il simbolismo associato a questa figura, come la colomba che rappresenta purezza e pace, sottolineando l'aspetto spirituale e benevolo dello Spirito Santo.

La Colomba come Simbolo di Purezza e Rinascita

Riflettiamo sul significato della colomba come simbolo associato allo Spirito Santo. Questo simbolismo è radicato nelle scritture, in particolare nella narrazione del battesimo di Gesù nel fiume Giordano. La colomba che discende rappresenta la purificazione e la rinascita spirituale, evocando un senso di pace e divina benedizione.

La Connessione tra Spirito Santo e l'Anima

Esaminiamo la connessione tra lo Spirito Santo e l'anima. Tradizionalmente, lo Spirito Santo è visto come colui che infonde l'anima con la grazia divina. Approfondiamo come questa connessione si rifletta nella vita quotidiana dei credenti e come lo Spirito Santo sia considerato la guida interiore che illumina il cammino spirituale.

L'Anima come Soggetto della Grazia Divina

Analizziamo come l'anima, in questa prospettiva, diventi il soggetto della grazia divina. Attraverso l'azione dello Spirito Santo, l'anima è considerata illuminata e guidata verso la comprensione spirituale. Esploriamo come questo concetto si intrecci con la visione tradizionale dell'anima come parte immortale e ancestrale di ogni essere umano.

In conclusione, questo capitolo ci avvicinerà al significato profondo del termine "Spirito Santo", esplorando il suo ruolo nella Trinità, le interpretazioni simboliche e la sua connessione con l'anima umana. Attraverso questa analisi, gettiamo le basi per esplorare la dimensione ancestrale dell'anima e la sua relazione con il concetto di resurrezione spirituale nel capitolo successivo.

La Connessione tra Spirito Santo e L'Anima Umana

In questa sezione, approfondiamo la connessione tra lo Spirito Santo e l'anima umana attraverso un'analisi interdisciplinare che abbraccia teologia, psicologia e filosofia. Cerchiamo di comprendere come lo Spirito Santo possa essere visto come l'elemento divino che abita l'interno di ogni individuo, plasmando la coscienza e guidando il percorso spirituale.

Teologia: Lo Spirito Santo come Presenza Divina

Dalla prospettiva teologica, esploriamo come lo Spirito Santo sia considerato non solo come un'entità esterna, ma come la stessa presenza divina all'interno di ogni anima. Attraverso la grazia divina, lo Spirito Santo è visto come colui che santifica e illumina l'anima, rendendola consapevole della sua connessione con il divino.

Psicologia: Lo Spirito Santo e la Coscienza Individuale

Dall'angolazione psicologica, consideriamo come la presenza dello Spirito Santo possa essere interpretata come il nucleo centrale della coscienza individuale. Esploriamo come questa connessione possa influenzare la percezione di sé, le scelte morali e la crescita interiore di ogni persona. Lo Spirito Santo diventa così un catalizzatore per la consapevolezza spirituale all'interno della psiche umana.

Filosofia: Lo Spirito Santo come Guida Spirituale

Dalla prospettiva filosofica, analizziamo come lo Spirito Santo possa essere considerato la guida spirituale che orienta il percorso della vita individuale. Attraverso una riflessione sulla libertà, la responsabilità e la ricerca di significato, esploriamo come l'influenza dello Spirito Santo possa plasmare la filosofia di vita di ogni individuo, orientandola verso la trascendenza e la realizzazione spirituale.
In conclusione, questa sezione offre un'ampia prospettiva interdisciplinare sulla connessione tra lo Spirito Santo e l'anima umana. Attraverso la teologia, la

psicologia e la filosofia, cerchiamo di cogliere la profondità di questa connessione, riconoscendo lo Spirito Santo come l'elemento divino che permea la coscienza individuale e guida il cammino spirituale di ogni persona. Proseguiamo ora nell'esplorare la dimensione ancestrale dell'anima e la sua relazione con la resurrezione spirituale.

Teoria sulla Dimensione Ancestrale e Immortale dell'Anima

In questa sezione, introdurremo una teoria innovativa sulla dimensione ancestrale e immortale dell'anima umana. Esploreremo l'idea che l'anima sia parte di una dimensione più ampia e eterna, collegandoci alle nostre radici ancestrali e aprendo la porta a una visione ciclica e multigenerazionale dell'esistenza.

L'Anima come Ponte tra Passato e Presente

Proporremo l'ipotesi che l'anima umana non sia confinata nel singolo arco temporale di una vita, ma funga da ponte tra il passato e il presente. Attraverso lo Spirito Santo, l'anima si collega alle esperienze e alla saggezza accumulata delle generazioni precedenti, creando una continuità che va oltre la nostra esistenza individuale.

La Ciclicità dell'Anima e la Ruota delle Generazioni

Esploreremo la concezione ciclica dell'anima, immaginando la vita come una ruota delle generazioni. Ogni individuo contribuisce alla ruota, influenzando le vite future attraverso l'eredità dell'anima. Questa prospettiva apre la porta a una comprensione più profonda della reincarnazione come il ritorno ciclico dell'anima per compiere il suo viaggio evolutivo.

Radici Ancestrali e Memoria dell'Anima

Introdurremo il concetto di radici ancestrali, suggerendo che l'anima conservi una sorta di "memoria ancestrale". Attraverso questa memoria, l'anima porta con sé le esperienze e le connessioni delle generazioni passate, alimentando il nostro presente con la saggezza e l'esperienza accumulate nel corso del tempo.

La Trama Multigenerazionale dell'Esistenza

Immaginiamo l'esistenza umana come una trama intricata e multigenerazionale, tessuta dalle vite che ci hanno preceduto. Ogni filo rappresenta un individuo, ma la trama nel suo insieme simboleggia la connessione e l'interdipendenza di tutte le anime. Attraverso lo Spirito Santo, questa trama si arricchisce continuamente, creando una storia spirituale che si estende ben oltre il confine del tempo.

Resurrezione come Continuità dell'Anima

Collegando questa teoria alla resurrezione, esploreremo come la resurrezione possa essere vista come la continuazione di questo ciclo spirituale. La morte non è la fine, ma piuttosto un passaggio in un'altra fase dell'esistenza, in cui l'anima perpetua il suo viaggio attraverso il tempo e lo spazio. In conclusione, questa teoria innovativa offre una prospettiva affascinante sulla natura ancestrale e immortale dell'anima umana. Attraverso la connessione con le radici ancestrali, la memoria dell'anima e la visione ciclica della vita, apriamo la mente a una comprensione più ampia dell'esistenza, guidata dallo Spirito Santo e intessuta dalla trama multigenerazionale dell'anima.

L'Anima come Ponte tra Mondo Terreno e Dimensione Ancestrale

In questa sezione, esamineremo più approfonditamente come l'anima umana, guidata dallo Spirito Santo, possa fungere da ponte tra il mondo terreno e la dimensione ancestrale. Esploreremo il concetto di reincarnazione in questa prospettiva, considerando l'idea che l'anima, una volta libera dal corpo fisico, possa continuare il suo percorso nella dimensione ancestrale.

Guidata dallo Spirito Santo: Il Legame tra Mondo Terreno e Ancestrale

Attraverso l'ispirazione dello Spirito Santo, l'anima umana diventa il tramite che collega il mondo terreno con la dimensione ancestrale. Lo Spirito Santo agisce come guida, consentendo all'anima di attraversare il velo tra queste due realtà. Questa connessione crea un flusso costante di energia spirituale tra il presente e il passato, alimentando la nostra esistenza con la saggezza e l'amore delle generazioni che ci hanno preceduto.

La Reincarnazione come Continuazione del Viaggio Ancestrale

Consideriamo la reincarnazione come un aspetto naturale di questo viaggio spirituale. Una volta che l'anima si libera dal corpo fisico alla morte, essa entra nella dimensione ancestrale, portando con sé le esperienze e la crescita accumulata durante la vita terrena. Qui, nell'abbraccio dello Spirito Santo, l'anima può scegliere di reincarnarsi, continuando il suo percorso evolutivo attraverso nuove vite terrene.

L'Esistenza Simultanea tra il Terreno e l'Ancestrale

Immaginiamo l'idea che l'anima, attraverso la sua connessione con lo Spirito Santo, possa esistere simultaneamente in entrambe le dimensioni. Mentre viviamo la nostra vita terrena, l'anima mantiene un legame attivo con la dimensione ancestrale. Questa coesistenza permette un continuo scambio di energia e conoscenza tra le due sfere, arricchendo la nostra esistenza e contribuendo alla nostra crescita spirituale.

Il Ciclo Infinito dell'Anima tra Terreno e Ancestrale

La concezione dell'anima come ponte tra il mondo terreno e la dimensione ancestrale apre la porta a un ciclo infinito di crescita e apprendimento. Ogni vita terrena diventa un capitolo nella storia spirituale dell'anima, un tassello nel mosaico eterno della sua evoluzione. Attraverso lo

Spirito Santo, l'anima naviga tra queste due dimensioni, arricchendo entrambe con la sua presenza e contribuendo al costante fluire della vita spirituale. In conclusione, questa prospettiva approfondita sull'anima come ponte tra il mondo terreno e la dimensione ancestrale ci invita a riflettere sulla natura ciclica e eterna della nostra esistenza. Guidati dallo Spirito Santo, l'anima abbraccia il suo ruolo di tramite tra il passato e il presente, contribuendo alla trama intricata dell'esistenza universale.

La Spiritualità Come Rinascita Ancestrale

In questo epilogo del capitolo, contempliamo la spiritualità come un processo di rinascita ancestrale. Riflettiamo su come il contatto con lo Spirito Santo e la comprensione della dimensione ancestrale possano arricchire il significato della vita umana,

conferendo un senso più
profondo alla nostra esistenza e al
nostro legame con le generazioni
passate.

La Rinascita Attraverso lo Spirito Santo

La spiritualità, vista come un
processo di rinascita, trova la sua
radice nello Spirito Santo.
Attraverso questo contatto divino,
l'anima sperimenta una continua
rigenerazione, un processo che
coinvolge la connessione con le
generazioni precedenti. Lo Spirito
Santo agisce come il catalizzatore
di questa rinascita, illuminando
l'anima con la saggezza e l'amore
accumulati nel corso delle
epoche.

Un Legame Profondo con le Generazioni Passate

Riflettiamo sul fatto che
comprendere la dimensione
ancestrale non solo arricchisce il
nostro presente, ma stabilisce un

legame profondo con le generazioni passate. Ogni individuo diventa un portatore di un'eredità spirituale, contribuendo alla continuità della storia dell'anima. Attraverso lo Spirito Santo, questo legame si rafforza, creando una trama intricata di connessioni che abbracciano l'intero arco dell'esistenza.

Il Significato Profondo della Vita Umana

Esploriamo come questa prospettiva conferisca un significato più profondo alla vita umana. Ogni esperienza, ogni sfida, ogni gioia diventa un tassello nel mosaico dell'anima, contribuendo alla sua crescita e al suo sviluppo. La comprensione della dimensione ancestrale amplifica il significato dietro le nostre azioni, rendendo ogni momento un passo nel percorso evolutivo dell'anima.

Il Viaggio Temporale dell'Anima

Concludiamo riflettendo sul viaggio temporale dell'anima. Guidata dallo Spirito Santo, l'anima attraversa le ere, svelando una storia più vasta e intricata di cui siamo parte integrante. La dimensione ancestrale ci mostra che siamo legati a una narrazione che va oltre la nostra singola esistenza, collegandoci alle radici stesse dell'umanità.
In questo modo, il capitolo ci invita a esplorare la connessione tra Spirito Santo e anima, aprendo la mente a una prospettiva che abbraccia il divino, l'individuale e il collettivo. La dimensione ancestrale dell'anima ci guida in un viaggio attraverso il tempo, svelando una storia più vasta e intricata di cui siamo parte integrante.

Capitolo 5: Amen - La Realtà della Connessione Universale

In questo capitolo, esploreremo la profondità del termine "Amen" e come la sua accettazione possa aprirci alla realtà della connessione universale. Analizzeremo il significato di "Amen" come un atto di riconoscimento e accettazione profonda, discutendo la connessione universale tra ogni forma di materia e esaminando la reincarnazione come parte essenziale del ciclo cosmico.

Il Significato di "Amen" come Accettazione Profonda

Nel Silenzio dell'Amen: Accettazione Profonda e Riconoscimento della Verità

Il termine "Amen", un'antica formula utilizzata per concludere le preghiere, sottolinea non solo la chiusura di un momento di devozione, ma apre le porte alla comprensione profonda della realtà. In questo capitolo, esploreremo il significato dietro questa parola carica di spiritualità, rivelando come essa sia un atto di accettazione profonda e riconoscimento della verità proposta.

Amen come Accettazione Profonda

Amen, nel suo silenzio, rappresenta un atto di accettazione profonda. Attraverso questa parola, il fedele esprime un impegno totale e una fede incrollabile nelle parole pronunciate. Esaminiamo come l'accettazione non sia passiva, ma un atto consapevole di abbracciare la verità proposta, aprendo la mente e il cuore alla comprensione più ampia dell'esistenza.

Riconoscimento della Verità Proposta

Riflettiamo sul fatto che pronunciare "Amen" è anche un riconoscimento della verità proposta. È un atto di onestà con se stessi e con il divino, un riconoscimento che ciò che è stato affermato rappresenta un frammento della verità universale. Questo riconoscimento diventa il primo passo verso una connessione più profonda con la realtà, invitandoci a esplorare la vastità dell'universo e delle sue leggi.

Amen come Porta verso la Comprensione della Realtà

Esploriamo l'idea che "Amen" sia una porta verso la comprensione della realtà. Al di là della sua connotazione religiosa, questa parola suggerisce un atto di

apertura mentale e spirituale.
Pronunciare "Amen" è dichiarare
la volontà di comprendere la
verità intrinseca dietro le parole e
di aprirsi alla connessione
universale che permea
l'esistenza.

**Nel Silenzio dell'Amen: Un Atto
di Consacrazione Universale**

Concludiamo riflettendo sul
silenzio che segue "Amen". È in
questo silenzio che si compie un
atto di consacrazione universale.
Accettando la verità e
riconoscendo la realtà, entriamo
in un momento di comunione con
l'essenza stessa dell'universo. Nel
silenzio post-"Amen", ci
immergiamo in una connessione
intima con la realtà, aprendo le
porte a una comprensione più
profonda della nostra esistenza.
Questo capitolo ci invita a vedere
"Amen" non solo come una
formula di conclusione, ma come
un invito a esplorare la verità e a
connetterci con la vastità

dell'universo. Attraverso questo semplice atto di accettazione e riconoscimento, ci prepariamo a esplorare ulteriormente la connessione universale che lega ogni forma di materia nell'infinità cosmica.

Connessione Universale tra Forme di Materia

Il Sottile Intreccio degli Atomi: Un Viaggio nella Connessione Universale

L'accettazione profonda sottolineata dall'"Amen" non è limitata solo alla comprensione delle verità spirituali, ma si estende alla connessione universale tra tutte le forme di materia. In questo capitolo, attraverso la lente della fisica delle particelle, esploreremo il sottile intreccio degli atomi e delle molecole, rivelando un tessuto invisibile che lega ogni entità nell'universo.

Un Dialogo tra Atomi e Molecole

Nella fisica delle particelle, ogni atomo e ogni molecola si impegnano in un dialogo incessante. Esaminiamo come, attraverso le forze fondamentali, questi elementi interagiscano, scambiando energia e informazioni. Questo dialogo silenzioso ma continuo crea una rete intricata di connessioni che attraversa l'intero cosmo.

Il Tessuto Invisibile dell'Universo

Attraverso lo studio delle particelle subatomiche, scopriamo un tessuto invisibile che costituisce la base dell'universo. Protoni, neutroni, elettroni - ogni particella gioca un ruolo vitale nella creazione e nella struttura di tutto ciò che esiste. Questo tessuto, intessuto dalle leggi fondamentali della fisica, è la manifestazione tangibile della connessione universale.

Il Balletto Cosmico delle Particelle

Esploriamo il balletto cosmico delle particelle. Ogni movimento, ogni interazione, contribuisce alla creazione e alla manutenzione dell'universo. Attraverso le leggi della fisica delle particelle, percepiamo un ordine intrinseco che regola questo balletto, sottolineando la bellezza e la complessità della connessione universale.

La Visione Olistica dell'Universo

Concludiamo analizzando la visione olistica dell'universo. Ogni atomo, ogni molecola è parte di un tutto interconnesso. Pronunciare "Amen" diventa così un riconoscimento non solo di verità spirituali, ma anche della realtà fisica di questa connessione universale. Ciò che

accade in una parte dell'universo risuona in tutto il tessuto cosmico.
Questo capitolo ci guida attraverso il microcosmo delle particelle, svelando il delicato intreccio degli atomi e delle molecole. L'"Amen" diventa un portale che ci conduce oltre il mero accettare di verità spirituali, aprendo gli occhi alla connessione universale che permea ogni elemento dell'esistenza.

La Reincarnazione Come Parte del Ciclo Cosmico

Rinascere nell'Universo: Un'Esplorazione della Reincarnazione

L'accettazione profonda rappresentata dall'"Amen" non si limita alle verità immediate del momento, ma si estende alla possibilità di una vita e di un'anima che si rinnovano attraverso un ciclo cosmico senza fine. In questo capitolo, attraverso una lente di profonda apertura mentale, esamineremo la reincarnazione come parte integrante del ciclo cosmico.

La Ciclicità degli Elementi

Iniziamo esaminando la ciclicità degli elementi. Nell'universo, gli elementi si formano, si trasformano e si ricombinano continuamente. La vita, in tutte le sue forme, è intrecciata con questa ciclicità. La reincarnazione diventa una prospettiva che si allinea con il flusso eterno degli elementi, simboleggiando un ritorno costante alla fonte primordiale.

La Fluttuazione del Flusso Cosmico

Attraverso l'accettazione profonda della reincarnazione, entriamo in sintonia con la fluttuazione del flusso cosmico. Le anime, come particelle nell'oceano dell'esistenza, attraversano una serie di esistenze, portando con sé esperienze passate e apprendimenti. Questo ciclo eterno diventa un riflesso della natura stessa dell'universo, in costante evoluzione e rinascita.

La Reincarnazione e le Leggi Universali

Esploriamo la reincarnazione in relazione alle leggi universali. Come le leggi della fisica guidano la formazione delle stelle e la danza dei pianeti, così anche la reincarnazione segue un ordine cosmico. Accettare la possibilità della reincarnazione significa riconoscere che la vita e l'anima sono parte integrante di un grande disegno cosmico.

L'Amen come Accettazione del Ciclo Cosmico

Concludiamo riflettendo su come l'"Amen" diventa un atto di

accettazione del ciclo cosmico. Pronunciare "Amen" è abbracciare la natura ciclica della vita e dell'anima, riconoscendo che ogni esistenza è un capitolo nel vasto libro dell'universo. Attraverso questa accettazione profonda, ci immergiamo nella comprensione che il ciclo eterno è una danza divina a cui ogni anima partecipa.

Questo capitolo ci spinge oltre i confini della concezione lineare del tempo, aprendoci alla possibilità di una vita e di un'anima che si rinnovano in un eterno ritorno. L'"Amen" diventa così un inno alla rinascita, all'eterna danza delle anime nell'infinito cosmo.

Il Ruolo dell'Uomo nella Connessione Universale

Guardiani della Coscienza: Onorare la Nostra Interconnessione

Approfondiamo il ruolo dell'essere umano come custode della consapevolezza nella vasta rete della connessione universale. L'accettazione profonda, emersa attraverso l'"Amen", non è solo un atto di comprensione, ma diventa una guida per agire in armonia con l'universo.

Custodi della Consapevolezza

Riflettiamo sulla nostra posizione come custodi della consapevolezza nell'universo. Come esseri umani, abbiamo il potere di riconoscere e comprendere la connessione tra tutte le forme di vita. Questa consapevolezza diventa il nostro dono e la nostra responsabilità, poiché siamo chiamati a essere custodi attenti del delicato equilibrio cosmico.

L'Onore della Interconnessione

Esploriamo come, attraverso l'accettazione profonda,

possiamo onorare la nostra interconnessione con tutte le forme di vita. Ciascun atto, ciascuna scelta, diventa un riconoscimento della relazione intrinseca con l'intero universo. Questo onore si traduce in azioni consapevoli e rispettose, poiché comprendiamo che ogni parte contribuisce al tutto.

Agire in Armonia con l'Universo

Concludiamo riflettendo su come l'accettazione profonda sia una guida per agire in armonia con l'universo. Le nostre scelte quotidiane, influenzate dalla consapevolezza della connessione universale, diventano un modo per contribuire positivamente al tessuto cosmico. L'essere umano, consapevole del proprio ruolo di custode, diventa un agente attivo nell'evoluzione armoniosa dell'universo.

L'Amen come Impegno alla Consapevolezza

Pronunciare "Amen" diventa, così, un impegno personale e collettivo alla consapevolezza. L'accettazione profonda non è solo una comprensione intellettuale, ma un richiamo all'azione. Ogni "Amen" è un riconoscimento della nostra responsabilità di preservare e celebrare la connessione universale.
Questo capitolo ci invita a riconoscere la bellezza e la fragilità della nostra interconnessione con tutte le forme di vita. L'accettazione profonda diventa un faro che illumina il cammino dell'essere umano come custode della coscienza, un ruolo sacro e significativo nell'ampia danza dell'universo.

Amen: Un Invito alla Comprensione Olistica

L'Invito a una Comprese Olistica

In conclusione, approfondiamo la prospettiva che "Amen" non sia semplicemente una parola finale, ma un invito costante alla comprensione olistica della nostra esistenza. Accettare profondamente la connessione universale e la reincarnazione ci apre a una prospettiva più ampia sulla vita, sulla morte e sulla continua danza della creazione.

Un Invito Costante

Evidenziamo come "Amen" sia un invito costante nella nostra vita quotidiana. Non si tratta solo di una formula rituale, ma di un richiamo continuo a comprendere la realtà nella sua completezza. Ogni volta che pronunciamo "Amen", ci impegniamo nuovamente nell'atto di accettare la connessione universale e il ciclo cosmico.

Un Impegno Interiore

Riflettiamo su come dire "Amen" diventi un impegno interiore. Accettare la connessione universale non è solo un atto esterno, ma un profondo impegno della mente e del cuore. Questo impegno ci guida nel nostro percorso di vita, plasmando le nostre scelte e le nostre azioni.

Abbracciare la Realtà della Connessione Universale

Concludiamo sottolineando come la profondità di questa accettazione diventi la chiave per vivere in armonia con il nostro ambiente e con l'infinita rete di relazioni che ci lega a ogni cosa nell'universo. Accettare la connessione universale non solo arricchisce la nostra esistenza individuale, ma contribuisce alla tessitura cosmica in cui ogni atomo e ogni spirito sono interconnessi.

Vivere in Armonia con il Ciclo Cosmico

Chiudiamo il capitolo riflettendo su come vivere l'"Amen" significhi vivere in armonia con il ciclo cosmico. Accettare la reincarnazione come parte del nostro percorso individuale e collettivo ci apre a una visione più profonda della vita, della morte e della trasformazione continua. Vivere in sintonia con il ciclo cosmico diventa un atto di consapevolezza e rispetto nei confronti della danza eterna della creazione.
Questo capitolo ci invita a dire "Amen" non solo come una conclusione, ma come un inizio, un impegno continuo verso una vita consapevole, interconnessa e armoniosa nell'infinita sinfonia dell'universo. Siamo pronti a vivere ogni momento con la profonda accettazione della

connessione universale e del ciclo
cosmico, celebrando la bellezza e
la meraviglia di essere parte di
questa straordinaria danza
cosmica.

Capitolo 6: Gesù come il Primo Grande Fisico

In questo capitolo, ci immergeremo nella figura di Gesù Cristo attraverso una prospettiva innovativa, considerandolo non solo come un maestro spirituale, ma come il primo grande fisico della storia. Esamineremo la sua vita alla luce delle leggi dell'universo, riflettendo sulla sua comprensione e rispetto delle leggi di Dio, e approfondiremo la resurrezione come una possibile rappresentazione della reincarnazione.

Rilettura della Vita di Gesù Attraverso le Leggi dell'Universo

Il Primo Grande Fisico

Esploreremo la vita straordinaria di Gesù Cristo attraverso una lente inedita: quella delle leggi dell'universo. Rileggiamo gli eventi chiave della sua vita, non solo come miracoli divini, ma come espressioni di una profonda comprensione e armonia con le forze cosmiche.

L'Insegnamento di Gesù e i Principi della Fisica

Iniziamo analizzando come l'insegnamento di Gesù si allinei con i principi fondamentali della fisica. Come ha trasformato concetti astratti in lezioni pratiche, guidando i suoi seguaci attraverso la comprensione delle leggi universali? Esploriamo il suo ruolo come maestro divino, illuminando i legami tra la sua parola e le verità fondamentali dell'universo.

Gesù e le Forze della Natura

Approfondiamo la relazione di Gesù con le forze della natura. Come ha interagito con il vento, il mare, e altri elementi? Attraverso una lettura attenta dei Vangeli, sveliamo il modo in cui Gesù ha dimostrato un controllo armonioso su queste forze, mettendo in luce una connessione speciale tra la sua figura e le leggi fisiche che governano il nostro mondo.

Miracoli o Conoscenza Avanzata?

Solleviamo la domanda cruciale: i miracoli compiuti da Gesù erano veramente eventi sovrannaturali, o erano manifestazioni di una conoscenza avanzata delle leggi dell'universo? Esaminiamo come Gesù potrebbe aver compreso e manipolato le forze fisiche in modo straordinario, aprendo la mente a una prospettiva in cui i suoi miracoli sono espressioni di una profonda sintonia con la realtà cosmica.

La Resurrezione Come Manifestazione della Reincarnazione

Esploriamo la resurrezione di Gesù non solo come un evento divino, ma come la manifestazione della reincarnazione. Come la sua anima, liberatasi dal corpo fisico, ha trovato una nuova dimora? Approfondiamo la prospettiva che la resurrezione sia la testimonianza della continuità dell'anima di Gesù, unendo il divino e l'umano in un ciclo eterno.

Questo capitolo ci porterà a riconsiderare la figura di Gesù non solo come il Salvatore, ma come il Primo Grande Fisico della storia. La sua vita e i suoi insegnamenti non erano solo miracoli divini, ma esempi tangibili di come la conoscenza delle leggi dell'universo possa elevare l'esistenza umana a livelli divini. Siamo pronti a immergerci nelle profondità della saggezza divina incarnata in Gesù Cristo?

Gesù come Colui che ha Compreso e Rispettato le Leggi di Dio

Una Visione Rivoluzionaria

Gettiamo uno sguardo profondo sulla figura di Gesù Cristo non solo come il Salvatore spirituale, ma come il Primo Grande Fisico, un pioniere della comprensione delle leggi dell'universo.

Gesù e le Leggi di Dio Incarnate nell'Universo

Esploriamo come Gesù abbia incarnato il rispetto e la comprensione delle leggi di Dio manifestate nell'universo. Analizziamo le sue azioni e le sue parole come segni di una consapevolezza profonda del funzionamento dell'universo, trasmettendo insegnamenti che non solo riguardavano la spiritualità, ma si estendevano alla comprensione scientifica del suo tempo.

L'Armonia tra le Sue Azioni e le Leggi Cosmiche

Approfondiamo il concetto che Gesù, attraverso le sue azioni, abbia dimostrato un'armonia perfetta con le leggi cosmiche. Come il suo modo di vivere e di insegnare rifletteva una consapevolezza profonda delle forze che governano l'universo? Attraverso le lenti della spiritualità e della scienza, vediamo come Gesù sia stato un pioniere nel vivere in accordo con le leggi divine incarnate nell'intero creato.

Insegnamenti Scientifici Avanzati del Suo Tempo

Esaminiamo la possibilità che gli insegnamenti di Gesù contenessero conoscenze scientifiche avanzate per il suo tempo. Come le sue parole potevano essere intese da coloro che avevano un'approfondita comprensione delle leggi fisiche? Esploriamo la prospettiva che Gesù abbia trasformato concetti complessi in insegnamenti accessibili, portando la saggezza delle leggi dell'universo alle masse.

La Resurrezione Come Manifestazione della Conoscenza Divina

Concludiamo il capitolo considerando la resurrezione non solo come un evento divino, ma come la manifestazione della conoscenza divina di Gesù. Come la sua anima, libera dal corpo terreno, ha continuato il suo viaggio attraverso le leggi cosmiche? Vediamo la resurrezione come la testimonianza della comprensione avanzata di Gesù sul ciclo eterno dell'anima e della sua connessione eterna con le leggi dell'universo.

Questo capitolo apre la mente a una visione rivoluzionaria di Gesù Cristo come il Primo Grande Fisico della storia, un illuminato custode delle leggi divine incarnate nell'intero creato. La sua vita e i suoi insegnamenti vanno oltre la sfera della spiritualità, estendendosi alla comprensione scientifica e all'armonia con le leggi dell'universo. Siamo pronti a riconsiderare Gesù come il pioniere della connessione tra fede e scienza?

La Resurrezione Come Rappresentazione della Reincarnazione

La tradizione cristiana ha spesso interpretato la resurrezione come la risurrezione fisica di Gesù dopo la sua morte. Tuttavia, apriamo la mente a una prospettiva più ampia, considerando la possibilità di interpretare la resurrezione come una rappresentazione della reincarnazione.

Reincarnazione: Un Ciclo Eterno

Esploriamo come la vita dopo la morte di Gesù potrebbe essere vista come la continuazione del suo percorso spirituale attraverso cicli di esistenza. In questa prospettiva, la resurrezione non rappresenterebbe solo un evento unico, ma piuttosto un tassello in un quadro più grande di continua rinascita. La sua anima, libera dalla carne terrena, intraprenderebbe un nuovo ciclo di esistenza, incarnandosi in nuove forme per perseguire il suo percorso evolutivo.

Legami tra Resurrezione e Ciclo Cosmico

Collegando la resurrezione al ciclo cosmico, esploriamo come la vita di Gesù possa essere stata intesa come un riflesso delle leggi dell'universo. Come la sua anima, attraverso la resurrezione, si immerge in un nuovo corpo materiale, riflettendo la ciclicità degli elementi nell'universo? Vediamo la resurrezione come una rappresentazione del ciclo cosmico che coinvolge l'eterna rinascita e la continua evoluzione dell'anima.

Il Messaggio Universale della Resurrezione

Concludiamo riflettendo sul messaggio universale che la resurrezione di Gesù potrebbe offrire. Se interpretata come un ciclo di reincarnazione, essa trasmette il concetto che ogni individuo ha la possibilità di intraprendere un viaggio di crescita e trasformazione attraverso molteplici esistenze. La resurrezione diventa così un invito a considerare la vita dopo la morte non come un evento singolo, ma come un capitolo in un racconto cosmico più ampio. Questo approfondimento sulla resurrezione di Gesù come rappresentazione della reincarnazione amplia la comprensione della sua figura, collegandola alle leggi cicliche dell'universo. La sua vita, morte e resurrezione diventano un richiamo alla natura eterna dell'anima e alla sua partecipazione al costante flusso della vita cosmica.

L'Impegno e le Realizzazioni Mentali di Gesù

Nel profondo della storia cristiana, la figura di Gesù è spesso celebrata come il Salvatore divino. Tuttavia, apriamo una finestra su una prospettiva meno convenzionale: consideriamo Gesù non solo come il Salvatore, ma anche come un modello di vita divina basato sul suo rispetto per le leggi dell'universo e la dedizione a una causa più elevata.

Rispetto per le Leggi dell'Universo

Esaminiamo come Gesù, attraverso la sua vita, abbia rispettato le leggi dell'universo, incarnando principi come l'amore, la compassione e la giustizia. Questo rispetto per le leggi universali, come un grande fisico della vita, ha plasmato la sua esistenza in armonia con l'ordine cosmico. Osserviamo come la sua comprensione delle leggi divine si sia tradotta in una vita vissuta in sintonia con l'essenza stessa dell'universo.

Dedizione a una Causa Superiore

Esploriamo come la divinità di Gesù possa essere collegata alla sua dedizione a una causa più elevata. Attraverso l'impegno verso un messaggio di amore, perdono e redenzione, ha manifestato una consapevolezza e una realizzazione che lo hanno innalzato al di sopra delle preoccupazioni terrene. La sua vita diventa un esempio di come la dedizione a un proposito superiore possa elevare l'essenza umana, aprendo le porte a realizzazioni mentali che trascendono il comune umano.

Applicazione nella Nostra Comprensione del Divino

Riflettiamo su come queste realizzazioni possano essere applicate alla nostra comprensione del divino. Se Gesù, attraverso il rispetto delle leggi dell'universo e la dedizione a una causa superiore, ha vissuto una vita divina, possiamo trarre ispirazione per adottare una simile prospettiva. Consideriamo come la nostra dedizione a principi universali e la ricerca di un significato più alto possano arricchire la nostra esistenza, aprendo la strada a realizzazioni mentali che ci collegano al divino.

Concludiamo questo capitolo esplorando Gesù come un modello di vita divina, basato sulla sua comprensione delle leggi dell'universo e sulla dedizione a una causa superiore. Questo approccio ci invita a considerare la divinità non solo come un concetto distante, ma come un traguardo da raggiungere attraverso la nostra connessione con le leggi universali e il nostro impegno verso valori più elevati.

Ogni Essere Vivente Come Potenzialmente Beato Come Gesù

Concluderemo il capitolo riflettendo sull'idea che ogni essere vivente possa essere potenzialmente beato come Gesù. Ogni atomo, ogni forma di vita, può aspirare a una realizzazione divina attraverso il rispetto delle leggi dell'universo. Questo concetto amplia la nostra visione della spiritualità e dell'esistenza, sottolineando che il cammino verso la divinità può essere intrapreso da tutti.

Questo capitolo ci conduce oltre la percezione tradizionale di Gesù, aprendoci alla possibilità di vedere in lui non solo un maestro spirituale, ma anche un pioniere della comprensione delle leggi dell'universo. La sua vita diventa un esempio di come l'armonia con l'universo può portare a una realizzazione straordinaria e alla trasformazione spirituale.

Capitolo 7: La Classifica di Merito nell'Universo

In questo capitolo, addentreremo nella comprensione del concetto di "beato" in relazione all'impegno e alla nobile intenzione. Introdurremo l'affascinante idea di una classifica di merito attribuita a ogni forma di materia nell'universo, esplorando le connessioni tra il nostro impegno, le scelte difficili e la realizzazione di un'esistenza beata.

Il Concetto di "Beato" in Relazione all'Impegno e alla Nobile Intenzione

Impegno e Nobile Intenzione come Fondamenta della Beatitudine

Nel contesto della nostra esplorazione, "beato" non è solo un termine, ma un portale verso una comprensione più profonda della vita e della sua finalità. Analizziamo come l'impegno e la nobile intenzione siano le fondamenta su cui si erige la beatitudine. Ogni atomo, ogni forma di vita, è chiamato a contribuire al proprio benessere e a quello dell'universo attraverso la dedizione a un proposito nobile.

Oltre la Semplice Felicità: Una Visione Olistica della Beatitudine

Superiamo la concezione limitata di beatitudine come semplice felicità individuale. Esploriamo la prospettiva che ogni atomo, ogni entità nell'universo, possa aspirare a uno stato di beatitudine attraverso l'aderenza a principi di impegno e nobiltà. Questo concetto arricchisce la nostra visione della vita, spingendoci a considerare come il bene individuale si intrecci con il bene cosmico.

Classifica di Merito nell'Universo: Un Invito a un Impegno Profondo

Introduciamo l'idea di una "classifica di merito" nell'universo, non come competizione, ma come riconoscimento dell'impegno e della nobile intenzione. Ogni atto, ogni scelta difficile, contribuisce a questa classifica, invitandoci a riflettere sul legame tra il nostro impegno, le scelte difficili e la realizzazione di un'esistenza beata.

Questo capitolo esplora il significato di "beato" come un traguardo raggiungibile attraverso l'impegno profondo e la nobile intenzione. Ci spingiamo oltre la felicità personale, aprendo la mente a una prospettiva olistica che abbraccia ogni forma di vita nell'universo. Ognuno, da un singolo atomo a un essere umano, può contribuire alla beatitudine cosmica attraverso la

consapevolezza del proprio
impegno e della propria
intenzione.

La Classifica di Merito nell'Universo: Una Visione Innovativa

Introduciamo l'audace concetto di
una "classifica di merito"
nell'universo, un paradigma dove
ogni forma di materia è valutata in
base al suo impegno e alle sue
contribuzioni alla creazione
universale. Ogni elemento
chimico, ogni organismo,
contribuisce a questa classifica,
creando un tessuto intricato di
relazioni cosmiche.

Dalla Chimica alle Strutture Biologiche: Un'Analisi Profonda

Scendiamo nel mondo
microscopico e macroscopico,
valutando gli elementi chimici, le
molecole e le complesse strutture
biologiche. Ogni componente
dell'universo è coinvolto in un

percorso di impegno cosmico, contribuendo in modi unici alla danza ininterrotta della creazione.

Impegno e Contributo: Guida per una Vita Beata

Riflettiamo su come questa prospettiva innovativa possa diventare una guida per una vita beata. Ogni individuo, ogni entità, è chiamato a partecipare attivamente alla creazione universale, e la loro "classifica di merito" si forma attraverso il costante impegno e le contribuzioni. La vita diventa un'opportunità di crescita e di elevazione cosmica.
Questo capitolo ci spinge a considerare l'intera esistenza come un palcoscenico dove ogni forma di materia è valutata in base al suo impegno e alle sue contribuzioni. La "classifica di merito" nell'universo diventa un richiamo a vivere consapevolmente, comprendendo che ogni atto, per quanto piccolo,

contribuisce alla ricchezza della creazione cosmica.

Connessioni tra Impegno, Scelte Difficili e Realizzazione di un'Esistenza Beata

Esploriamo le connessioni profonde tra impegno, scelte difficili e la realizzazione di un'esistenza beata. Ogni atto, anche il più piccolo, contribuisce alla nostra classifica di merito nell'universo, plasmando il nostro cammino verso la beatitudine.

Gli Esempi della Vita Quotidiana: Piccoli Ati, Grandi Impatti

Attraverso esempi tratti dalla vita quotidiana, mettiamo in luce come le azioni più semplici possano avere un impatto significativo sulla nostra classifica di merito nell'universo. Ogni scelta, ogni gesto gentile, contribuisce a un'intreccio vitale di relazioni cosmiche.

Scelte Difficili: La Forgia della Beatitudine

Esaminiamo come le scelte difficili, intraprese con nobili intenzioni, possano forgiare il nostro cammino verso la beatitudine. Le sfide che affrontiamo diventano pietre miliari nella nostra crescita cosmica, plasmando la nostra classifica di merito e contribuendo alla bellezza complessiva della creazione.

Il Richiamo di un'Elevazione Cosmica

Questo capitolo ci invita a riflettere su come le nostre azioni quotidiane, unite a scelte difficili fatte con saggezza e nobili intenzioni, possano elevarci verso una classifica di merito più alta nell'universo. La beatitudine diventa così non solo un obiettivo individuale, ma una ricca tessitura condivisa che coinvolge ogni forma di materia nell'universo. Attraverso quest'analisi, emergono le radici profonde della beatitudine nella nostra connessione con l'universo. Ogni atto di impegno e ogni scelta difficile diventano parte di un'elevazione cosmica, plasmando la nostra esistenza in sintonia con le leggi dell'universo e la danza eterna della creazione.

Ogni Atomo, Ogni Essere Vivente Come Parte di una Gerarchia Cosmica

Esploriamo l'affascinante idea che ogni atomo, ogni forma di vita, sia parte di una gerarchia cosmica. La nostra classifica di merito non influisce solo sulla nostra esistenza individuale ma determina anche la posizione e l'importanza della nostra materia nell'intero universo.

La Danza Armoniosa delle Particelle Elementari

Immaginiamo l'universo come una vasta sinfonia in cui ogni atomo suona la sua nota distintiva. La nostra classifica di merito nella gerarchia cosmica diventa la melodia che contribuiamo a formare, influenzando la bellezza complessiva della composizione universale.

Responsabilità Collettiva nell'Ordine Cosmico

Riflettiamo sulla responsabilità collettiva che sorge dalla consapevolezza di essere parte di una gerarchia cosmica. Ogni atomo, ogni forma di vita, contribuisce al delicato equilibrio dell'universo. La nostra classifica di merito diventa così una responsabilità collettiva per preservare e arricchire l'ordine cosmico.

Oltre l'Individuale: Una Visione Olistica della Classifica di Merito

Questo capitolo ci spinge a considerare che la nostra classifica di merito non è unicamente legata all'individuo, ma si estende a una visione olistica. La bellezza dell'universo emerge quando riconosciamo il nostro ruolo nella gerarchia cosmica e agiamo in armonia con la responsabilità collettiva di preservare l'ordine cosmico. Attraverso questa visione, comprendiamo che ogni atomo, ogni forma di vita, contribuisce in modo unico alla ricca tessitura dell'universo. La nostra classifica di merito diventa una nota preziosa nella sinfonia cosmica, una responsabilità condivisa di mantenere l'armonia nell'infinita danza della creazione.

Il Ciclo di Meriti e Demeriti: Una Visione Dinamica dell'Esistenza

Concluderemo il capitolo considerando il ciclo di meriti e demeriti. Come ogni atomo e ogni essere vivente contribuisce a questa danza eterna di crescita e declino nella classifica cosmica? Come il nostro impegno e le nostre scelte difficili possono influenzare questo ciclo, plasmando la nostra esistenza presente e futura?
Questo capitolo ci guida attraverso una riflessione profonda sulla nostra posizione nell'universo e sulle connessioni che legano ogni forma di materia. La classifica di merito diventa un richiamo a un impegno consapevole e a scelte illuminate, delineando una visione dinamica e interattiva dell'esistenza nell'infinita trama dell'universo.

Capitolo 8: L'Esistenza Come Non Gara, Ma Come Elevazione Universale

In questo capitolo, esploreremo la natura non competitiva dell'esistenza, analizzando la gara tra la materia stessa per elevare l'universo. Correlazioneremo il progresso della materia con la felicità individuale, invitando a una visione dell'esistenza come un processo di elevazione universale anziché una competizione tra individui.

La Natura Non Competitiva dell'Esistenza

Nel cuore dell'esistenza, spesso ci troviamo immersi nell'idea competitiva della vita. Tuttavia, in questo capitolo, abbracciamo un paradigma differente, una visione non competitiva dell'esistenza che ci invita a riconsiderare il vero significato della vita.

Elevazione Universale: Una Gara Verso l'Armonia

Immaginiamo l'esistenza come un'opportunità di elevazione universale. Non una gara tra individui, ma una sinfonia in cui ogni elemento, ogni forma di vita, contribuisce al progresso generale. Questa prospettiva apre la porta a una visione più ampia, dove la collaborazione sostituisce la competizione.

Correlazione tra Progresso della Materia e Felicità Individuale

Esploriamo la correlazione tra il progresso della materia e la felicità individuale. In questa nuova prospettiva, la crescita della materia non è una competizione, ma un'opportunità di miglioramento collettivo. Ogni progresso contribuisce non solo all'elevazione universale ma anche alla felicità individuale.

Rinuncia alla Competizione, Abbraccio dell'Elevazione

Riflettiamo sulla necessità di rinunciare alla mentalità competitiva, abbracciando l'idea di un'armoniosa elevazione universale. Come individui, come società, come parte dell'universo stesso, possiamo intraprendere un cammino che va al di là della competizione, conducendoci verso una collaborazione che solleva l'intera esistenza. Questo capitolo ci invita a riconsiderare la nostra percezione dell'esistenza, ad abbandonare l'idea della competizione per abbracciare un paradigma di elevazione universale. La vita non è una corsa contro gli altri, ma un cammino con gli altri, in cui ogni passo contribuisce all'armonia dell'universo.

La Gara tra la Materia per Elevare l'Universo

Immergiamoci nella visione affascinante della gara tra la materia stessa. Ogni atomo, ogni forma di vita, è coinvolta in un incessante processo di elevazione cosmica. Esploriamo come la crescita di ogni elemento contribuisca al progresso dell'intero universo, in un balletto eterno di crescita e armonia.

Ogni Atomo Come Parte di un Concerto Cosmico

Consideriamo ogni atomo come una nota in un vasto concerto cosmico. Ogni elemento, per più piccolo che sia, contribuisce alla sinfonia dell'universo. La gara tra la materia diventa una danza, dove ogni passo, ogni nota, è essenziale per l'elevazione generale.

Il Progresso della Materia come Espressione di Felicità Universale

Riflettiamo sulla connessione tra il progresso della materia e l'armonia nell'universo. Ogni contributo, anche il più modesto, aggiunge una nota di felicità universale. In questa gara tra la materia, la crescita diventa un'opportunità per donare gioia all'intero universo.

Ogni Passo Come Contributo All'Elevazione Generale

Esploriamo la prospettiva che ogni contributo, ogni passo della materia, abbia un impatto sull'elevazione generale. In questa visione non competitiva, ogni crescita, anche la più piccola, è un passo verso una maggiore armonia e un progresso universale.

Questo capitolo ci conduce attraverso la gara tra la materia, svelando come ogni atomo, ogni forma di vita, partecipi all'incessante processo di elevazione dell'universo. La competizione si trasforma in collaborazione, e la crescita di ogni elemento diventa un dono alla bellezza e all'armonia dell'esistenza.

Correlazione tra Progresso della Materia e Felicità Individuale

Approfondiamo la connessione intima tra il progresso della materia e la felicità individuale. Esploriamo come la realizzazione del proprio potenziale, la partecipazione attiva alla crescita dell'universo, possa diventare un catalizzatore per la soddisfazione personale.

Allineamento con le Leggi dell'Universo

Riflettiamo sulla possibilità che la vera felicità risieda

nell'allineamento con le leggi dell'universo. Quando ci adattiamo a queste leggi, diventiamo partecipi attivi nell'eterno processo di elevazione cosmica. La nostra felicità diventa un riflesso della nostra armonia con il tessuto stesso dell'esistenza.

Impegno Verso la Crescita Universale

Consideriamo l'impegno verso la crescita universale come chiave per la felicità individuale. Quando riconosciamo il nostro ruolo nel contribuire all'armonia dell'universo, il senso di realizzazione personale si amplifica. La consapevolezza della nostra partecipazione alla grande sinfonia cosmica diventa fonte di gioia e serenità.

Il Potenziale Individuale come Dono Universale

Esaminiamo il concetto che il progresso individuale, quando è allineato con il progresso della materia nell'universo, diventa un dono universale. Ogni passo verso la realizzazione del nostro potenziale contribuisce alla bellezza dell'intero cosmo, arricchendo non solo noi stessi ma anche il vasto spettacolo della vita.
Questo capitolo ci guida attraverso la prospettiva affascinante della connessione tra il progresso della materia e la felicità individuale. Scopriamo come il nostro impegno verso la crescita universale possa diventare la chiave per una vita appagante, in armonia con le leggi dell'universo. La felicità diventa così un viaggio personale che si intreccia con il destino eterno dell'intero cosmo.

Visione dell'Esistenza Come Processo di Elevazione Universale

gettiamo uno sguardo sulla natura non competitiva dell'esistenza, considerando la visione dell'esistenza come un processo di elevazione universale. Questa prospettiva libera dall'angustia della competizione individuale, spingendo verso una consapevolezza più ampia delle interconnessioni e degli impatti collettivi.

Liberarsi dalle Catene della Competizione

Riflettiamo sulla visione tradizionale dell'esistenza come una gara, un'idea radicata nella nostra cultura. Esaminiamo come questa prospettiva possa limitare la nostra comprensione della vita e come liberarcene apra le porte a una visione più armoniosa e collaborativa.

Consapevolezza delle Interconnessioni

Esploriamo come abbracciare l'idea di elevazione universale ci conduca a una consapevolezza più profonda delle interconnessioni tra ogni forma di materia nell'universo. Ogni atomo, ogni forma di vita, contribuisce all'incessante processo di crescita cosmica. Ciò che eleva uno, eleva il tutto.

L'Individualità come Parte del Mosaico Universale

Consideriamo come, in questa visione, l'individualità diventi una parte preziosa del mosaico universale. Ogni individuo, come un tassello unico, contribuisce alla bellezza e alla complessità dell'intero quadro dell'esistenza. La diversità diventa la forza che alimenta l'elevazione universale. Questo capitolo ci invita a abbracciare la prospettiva di un'existenza che va oltre la competizione, aprendoci a una visione in cui l'elevazione individuale si fonde con la crescita dell'universo. La nostra vita diventa un contributo significativo a questa grande sinfonia cosmica, e la nostra consapevolezza delle interconnessioni ci guida verso una esistenza di armonia, comprensione e elevazione universale.

La Bellezza dell'Elevazione Collettiva

Concluderemo il capitolo esplorando la bellezza dell'elevazione collettiva. Come la gara tra la materia possa essere una danza armonica, una sinfonia di progresso che si riverbera attraverso ogni livello dell'universo. Questa visione invita a una partecipazione attiva e consapevole nell'elevazione della materia e, di conseguenza, dell'intero universo.

Questo capitolo ci spinge a riconsiderare la nostra percezione dell'esistenza, abbracciando un modello non competitivo basato sulla collaborazione e sull'elevazione reciproca. La gara tra la materia diventa un richiamo alla bellezza dell'interconnessione e del contributo individuale a un processo universale di crescita e progresso.

Capitolo 9: Applicazione Pratica - Leggi della Fisica e Parola di Gesù

In questo capitolo, forniremo una guida pratica su come applicare le leggi della fisica e interpretare la parola di Gesù nella vita quotidiana. Attraverso esempi concreti, illustreremo come vivere un'esistenza rispettando le leggi universali, unendo la saggezza delle leggi fisiche alla spiritualità intrinseca nella parola di Gesù.

Comprendere le Leggi della Fisica come Guida Universale

Esploreremo in dettaglio le leggi della fisica come fondamenta dell'universo, offrendo una panoramica sintetica che metta in evidenza la loro importanza nella nostra comprensione della realtà.

Fondamenti delle Leggi della Fisica

Iniziamo con una breve panoramica delle leggi fondamentali della fisica, tra cui la legge di gravità, l'elettromagnetismo, e la termodinamica. Spiegheremo come queste leggi siano gli assiomi fondamentali su cui si basa l'intero universo, dal più piccolo atomo alle galassie più imponenti.

Connessione tra Leggi della Fisica e Vita Quotidiana

Esaminiamo come la consapevolezza di queste leggi possa influenzare positivamente le nostre decisioni quotidiane. Ad esempio, comprendere la legge di conservazione dell'energia può guidarci verso uno stile di vita sostenibile, mentre la comprensione della termodinamica può aiutarci a fare

scelte consapevoli riguardo
all'uso dell'energia.

Vivere in Armonia con il Mondo Circostante

Approfondiamo come la conoscenza delle leggi della fisica possa fornirci una guida pratica per vivere in armonia con il mondo circostante. Attraverso esempi pratici, illustreremo come la consapevolezza di queste leggi possa influenzare il nostro modo di interagire con l'ambiente, comprese le scelte quotidiane legate a energia, materiali e risorse.
Questo capitolo serve come guida pratica su come applicare le leggi della fisica nella vita quotidiana, sottolineando la loro rilevanza per una esistenza equilibrata, sostenibile e in sintonia con l'ordine cosmico. La comprensione di queste leggi diventa una chiave per vivere consapevolmente, rispettando le

direttive universali che plasmano la realtà che ci circonda.

Interpretare la Parola di Gesù in Chiave Fisica

Ci immergeremo nell'analisi della parola di Gesù alla luce delle leggi dell'universo, considerando i principi spirituali intrinseci nei Vangeli come una guida pratica per vivere secondo le direttive cosmiche.

Le Parabole di Gesù: Metafore Fisiche

Esploreremo le parabole di Gesù come metafore che riflettono principi fondamentali della fisica. Come il seminare e raccogliere, l'amore e il perdono possono essere intesi come processi analoghi alle leggi dell'energia e dell'equilibrio. Analizzeremo come queste metafore possano essere interpretate come inviti a vivere in armonia con le leggi universali.

L'Etica di Gesù e le Forze Morali dell'Universo

Analizzando gli insegnamenti etici di Gesù, esploreremo come il rispetto, l'amore per il prossimo e la compassione siano in sintonia con le forze morali dell'universo. Come la coerenza morale, simile alla coerenza fisica, possa essere vista come un principio guida per una vita significativa.

Guida Pratica: Applicare i Principi delle Leggi Universali

Forniremo esempi pratici su come applicare i principi delle leggi universali nella vita di tutti i giorni, ispirandoci ai dettami di Gesù. Come la gentilezza e l'empatia possano essere considerate come manifestazioni di forze che lavorano in armonia con l'ordine cosmico, portando a una crescita interiore e al benessere collettivo. Questo capitolo serve come guida pratica su come interpretare la parola di Gesù alla luce delle leggi della fisica, evidenziando come i principi spirituali possano essere visti come un manuale per vivere in armonia con le leggi cosmiche. La sintesi tra la saggezza antica e le scoperte scientifiche diventa così un percorso illuminante per una vita significativa e allineata con l'universo.

Esempi di Applicazione Pratica

Metteremo in pratica le leggi della fisica e gli insegnamenti di Gesù, offrendo esempi concreti di come integrare queste prospettive nella vita quotidiana.

Relazioni Interpersonali: Il Principio dell'Azione e Reazione

Esploreremo come il principio dell'azione e reazione possa essere applicato alle relazioni interpersonali. Considereremo situazioni in cui l'amore e la gentilezza generano reazioni positive, creando un ciclo virtuoso

di connessione e comprensione
reciproca.

Cura dell'Ambiente: Responsabilità Cosmica

Analizzeremo come il concetto di custodia della terra, tratto dagli insegnamenti di Gesù sulla responsabilità, possa essere allineato con le leggi della fisica relative alla conservazione dell'energia e alla ciclicità degli elementi. Come comportamenti eco-sostenibili possano essere interpretati come un rispetto per l'ordine cosmico.

Empatia e Compassione: Onde di Interconnessione

Esamineremo il concetto di onde di interconnessione, applicandolo alla pratica dell'empatia e della compassione insegnate da Gesù. Come l'energia di un'azione compassionevole possa propagarsi attraverso la rete universale, influenzando positivamente la vita degli altri e contribuendo alla crescita collettiva.

Condivisione e Abbondanza: Principio di Conservazione

Esploreremo come il principio di conservazione dell'energia possa essere correlato all'insegnamento di Gesù sulla condivisione e l'abbondanza. Come la condivisione generi un flusso continuo di energia positiva, arricchendo non solo chi dà, ma anche chi riceve.

Onestà e Integrità: Leggi della Termodinamica Applicate alla Vita Etica

Analizzeremo come le leggi della termodinamica possano essere associate all'onestà e all'integrità insegnate da Gesù. Come mantenere l'equilibrio etico attraverso l'energia onesta contribuisca alla stabilità e alla coerenza morale.

Questo capitolo offre una panoramica pratica di come applicare le leggi della fisica e interpretare la parola di Gesù nella vita quotidiana. Attraverso esempi tangibili, mostreremo come l'adozione di questi principi possa influenzare positivamente il nostro comportamento, le nostre relazioni e il nostro impatto sull'ambiente, aprendo la strada a una vita più consapevole e allineata con l'universo.

Vivere un'Esistenza Rispettando le Leggi Universali

In questo segmento, approfondiremo il concetto di vivere un'esistenza rispettando le leggi universali, esplorando come l'adesione a queste leggi possa essere un fondamento per una vita etica e centrata su principi universali.

Etica e Leggi Universali: Fondamenta dell'Armonia

Iniziamo considerando come le leggi universali possano servire da fondamenta per un'etica personale. Esploreremo come principi come l'equilibrio, la conservazione e l'interconnessione possano essere applicati a situazioni etiche, contribuendo a decisioni e azioni guidate da un profondo rispetto per l'ordine cosmico.

Amore e Compassione: Vibrazioni Positive nell'Universo

Approfondiremo il ruolo dell'amore e della compassione come forze positive nell'universo, in linea con gli insegnamenti di Gesù. Analizzeremo come la pratica di queste virtù possa creare vibrazioni positive, influenzando non solo l'individuo ma anche l'ambiente circostante, in sintonia con le leggi fisiche di armonia e bilanciamento.

Giustizia e Leggi Cosmiche: Una Sintesi di Equilibrio

Esamineremo la giustizia attraverso la lente delle leggi cosmiche. Come il concetto di equilibrio e armonia possa essere applicato alle questioni di giustizia, incoraggiando una visione della giustizia come un processo dinamico in cui ogni azione ha una reazione in grado di mantenere l'equilibrio universale.

Risoluzione di Conflitti: Applicazione delle Forze Universali

Esploreremo come la comprensione delle leggi universali possa essere una guida preziosa nella risoluzione di conflitti. Come la ricerca dell'equilibrio e della coerenza possa essere applicata per affrontare le sfide quotidiane con saggezza e discernimento, promuovendo una convivenza armoniosa in tutte le relazioni.

Educazione Etica: Integrare Principi Universali nella Vita di Tutti i Giorni

Concluderemo esaminando come l'educazione etica, basata sui principi universali derivati dalle leggi della fisica e dagli insegnamenti di Gesù, possa essere integrata nella vita quotidiana. Come questa prospettiva possa contribuire alla formazione di individui che vivono in armonia con il cosmo e promuovono un mondo guidato dall'etica e dalla consapevolezza universale.

Questo segmento approfondisce il legame tra il rispetto delle leggi universali e una vita etica centrata su principi fondamentali di amore, compassione e giustizia. Mostrerà come questa prospettiva possa essere una guida pratica per affrontare le sfide quotidiane e promuovere un'esistenza allineata con l'ordine cosmico.

Armonizzare Scienza e Spiritualità

Concluderemo il capitolo sottolineando l'importanza di armonizzare scienza e spiritualità. Come la conoscenza delle leggi della fisica può arricchire la nostra comprensione spirituale? In che modo la parola di Gesù può essere vista come una guida per vivere in accordo con l'ordine universale, creando un ponte tra la scienza e la fede?
Questo capitolo fornisce una roadmap pratica per integrare le leggi della fisica e la parola di Gesù nella vita di tutti i giorni. Attraverso esempi tangibili, il lettore sarà guidato a un'applicazione consapevole di queste principali linee guida, promuovendo un'esistenza più consapevole, etica e in sintonia con le leggi fondamentali dell'universo.

Capitolo 10: Conclusioni

In questo capitolo finale, sintetizzeremo i concetti principali esplorati nel libro e offriremo un invito alla riflessione personale e all'applicazione pratica dei concetti discussi.

Riassunto dei Concetti Chiave

Ripercorriamo i concetti chiave che hanno permeato l'intero libro, dal significato profondo del segno della croce alla connessione universale, dall'analisi di Gesù come primo grande fisico alla classifica di merito nell'universo. Ogni concetto verrà ricollegato al tema centrale dell'armonia tra le leggi della fisica e la spiritualità.

Invito alla Riflessione Personale

Invitiamo i lettori a riflettere personalmente su come questi

concetti abbiano influenzato la
loro visione del mondo, della vita
e della spiritualità. Quali idee
hanno risuonato di più con loro?
In che modo la comprensione
delle leggi universali e della parola
di Gesù può essere applicata
nella loro vita quotidiana?

**Applicazione Pratica e Vita
Consapevole**

Promuoviamo l'applicazione
pratica di ciò che è stato appreso.
Come integrare le leggi della
fisica nella vita quotidiana? In che
modo la saggezza tratta dalla
parola di Gesù può diventare una
guida costante nelle scelte e nelle
azioni? L'obiettivo è incoraggiare
una vita consapevole e etica
basata su principi universali.

**La Bellezza dell'Armonia tra
Scienza e Spirito**

Riflettiamo sulla bellezza
dell'armonia tra scienza e spirito.
Come l'integrazione di concetti

scientifici e spirituali può
arricchire la nostra comprensione
della realtà? In che modo la
visione proposta nel libro può
aprire nuove prospettive sulla
nostra esistenza e sulla nostra
connessione con l'universo?

Un Invito a Continuare il Viaggio

Concludiamo con un invito a
continuare il viaggio. La
comprensione delle leggi della
fisica e della spiritualità è un
percorso continuo. Incoraggiamo
i lettori a esplorare ulteriormente,
a porre nuove domande e a
cercare sempre una connessione
più profonda con l'universo e con
sé stessi.
Questo capitolo di conclusione
serve come ponte tra l'esperienza
di lettura e l'applicazione pratica
dei concetti esplorati nel libro.
Incoraggiamo i lettori a portare
con sé questa visione integrata
nella loro vita quotidiana,
trasformando l'osservazione in
azione e contribuendo così

all'elevazione universale della materia e dello spirito.

Nota Finale dell'Autore

Al termine di questa esplorazione delle intersezioni tra la religione cristiana, la fisica e la spiritualità, desidero chiudere con una nota di chiarezza e apertura. Mentre ho approfondito il contesto della religione cristiana, riconosco che esistono una varietà di tradizioni spirituali nel mondo, ognuna con le proprie prospettive uniche e preziose.

La scelta di concentrarmi sulla religione cristiana riflette il mio background personale, essendo cresciuto in una comunità cristiana. Tuttavia, voglio sottolineare con fermezza che non vi è alcuna intenzione di escludere o sminuire le pratiche e le credenze di altre tradizioni religiose. Al contrario, molti principi fondamentali e universali emergono anche da queste tradizioni, affermando la connessione tra le credenze spirituali e le leggi dell'universo.

Le religioni, in un certo senso, possono essere considerate come ponti che ci hanno guidato verso una comprensione più profonda della realtà. Mentre nel passato queste concezioni potevano essere esposte attraverso un linguaggio mitico e simbolico, oggi disponiamo degli strumenti e delle capacità per esplorare e comprendere queste verità a livello scientifico e analitico.

La vera e unica realtà è l'universo, e attraverso questa opera, ho cercato di evidenziare come le diverse prospettive spirituali possono convergere e trovare conferma nelle leggi fondamentali dell'universo. La scienza e la spiritualità non sono forze opposte, ma piuttosto alleate nel nostro cammino verso la comprensione totale.

Invito il lettore a considerare
questo libro come un invito
all'apertura mentale, alla
riflessione personale e
all'approfondimento della propria
connessione con l'universo,
indipendentemente dalla
tradizione spirituale che si
abbraccia.

Che questo viaggio sia un punto
di partenza per una comprensione
più ampia e inclusiva del nostro
posto nell'infinita danza
dell'esistenza.
Grazie per essere stati parte di
questo viaggio.